U0643263

小童诗

共
读
共
写

王爱玲◎主编

济南出版社

图书在版编目（CIP）数据

小童诗共读共写 / 王爱玲主编 . -- 济南：济南出版
社，2024.2
（小学生课内养读丛书）
ISBN 978-7-5488-6184-3

Ⅰ . ①小… Ⅱ . ①王… Ⅲ . ①儿童诗歌 - 诗歌创作 -
小学 - 教学参考资料 Ⅳ . ① G624.243

中国国家版本馆 CIP 数据核字（2024）第 050613 号

小 童 诗 共 读 共 写

XIAOTONGSHI GONGDUGONGXIE

王爱玲　主编

出 版 人　谢金岭
图书策划　李圣红
责任编辑　李洪云　陶　静
封面设计　八　牛

出版发行　济南出版社
地　　址　山东省济南市二环南路 1 号（250002）
总 编 室　0531-86131715
印　　刷　济南新先锋彩印有限公司
版　　次　2024 年 2 月第 1 版
印　　次　2024 年 3 月第 1 次印刷
开　　本　170mm×240mm　16 开
印　　张　9.75
字　　数　23 千
书　　号　ISBN 978-7-5488-6184-3
定　　价　35.00 元

如有印装质量问题 请与出版社出版部联系调换
电话：0531-86131736

序　言

　　出版社邀请我给咱们"小"字辈（小童谣、小童诗、小童话、小美文）的"共读共写"写一个序言，我想首先要回答三个为什么。

　　为什么要"共读"？经过十几年的努力，当下多读书已经成为达成共识的问题了。推荐书单比比皆是，在孩子自己选择的前提下，如果老师和家长能陪伴、引领共读是最好的方式，因为有了共同交流的话题才会让家长和老师的陪伴与交流成为可能。共读营造了一个个成长的"微型剧院"，"独学而无友，则孤陋而寡闻"，它发挥的效应和自读不可同日而语。

　　为什么要"读写结合"？多读会滋养多写。多年前，我也天真地认为多读书自然就会写。后来在教学实践中才逐渐认识到读和写是两条路，曹文轩先生曾经指出一味讲求"多读"，追求阅读的量，对于消遣是件好事，对于作文未必有用。因为他们的阅读，从来没有指向过"写作"。《义务教育语文课程标准》也指出："应该让学生多读多写，日积月累，在大量的语文实践中体会、把握运用语文的规律。"这个多写可以是与读没有关联的单篇习作，但是一定要有有关联的读写，书法入门讲究"摹帖""临帖"，其中跟着经典美文学习写作就是最好的"入格"。因此我十几年前就在课堂上实践读写一体化教学，两届毕业班学生的语文综合素养突出，读写成果斐然，且读写能力惠及多个学科。

为什么最好从一入学就开始"共读共写"？小学生正式的习作训练从三年级开始，但是正式的习作之前都有写话训练，且频次不低于习作训练。即便是刚入学的第一学期，也有写句子的训练。"字、词、句、段、篇"的训练不是阶梯式的上升，而是杂糅的螺旋式的上升。一年级《语文》第三课《口耳目》课后题："我们的口、耳、目、手、足能做哪些事？"这就是让学生开始说完整的句子。《小小的船》《四季》等课文里都有让学生仿照课文说一说的课后题，这里的"说"已经不是口头表达，而是书面表达。第七、八单元的"语文园地"里都有写句子的练习。不积跬步无以至千里，这些都是习作的基础。

基于教材同步要求和学生的年龄特点，共读共写就更有必要了。孩子年龄越小，他的想象力越丰富。他的表达欲望强烈，原始的创作力让我们成人望尘莫及。你看四五岁的小孩子会说一些让我们很"惊艳"的语句，但是随着年龄的增长反而丢失了这种"天分"。这套"共读共写"就是尽可能让孩子在低年段保留和延续这种能力，为将来的读写蓄力。

对学生来说，各种文体都要广泛涉猎。八年前我出过两套"共读共写"，那时候没有文体意识。后来我认识到，语言是思维的外壳，写作的训练不只是语言的训练，更是思维的训练；不同的文体是对不同言语技巧的训练，更是思维的训练。不同的文体就是不同的思维体操，能实现学生更全面、更多元的发展。

真心地希望这套书，能以更柔软、更温暖、更适宜的方式帮助孩子开启读写的大门。

王爱玲

目 录

目录

1

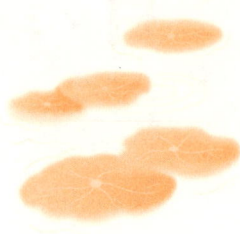

目录

太阳射手

月　亮

⭐ 安武林

你是一枚银发卡
弯弯的
别在夜的鬓角

写一写

你是一（　　　　　　　　）

（　　　　　　　　）

（　　　　　　　　）

2

太阳射手

tài yáng shè shǒu

☆ 王爱玲

tài yáng shè shǒu yǒu
太 阳 射 手 有

wú shù tiáo jīn jiàn
无 数 条 金 箭

tā men miáo zhǔn le hēi yè
它 们 瞄 准 了 黑 夜

zhōng yú bǎ hēi yè shè xià
终 于 把 黑 夜 射 下

认一认

甲骨文	金文	小篆	楷书

读一读

射箭　射手　射击

第一单元·太阳射手

3

fēng
风

★ 袖 哀

wǒ yào zuò gè fēng
我 要 做 个 风

nà yàng de dà xiá
那 样 的 大 侠

shǒu chí shuāng dāo
手 持 双 刀

zài pī yì dǐng dà dǒu peng
再 披 一 顶 大 斗 篷

读一读

微风　大风　狂风　台风　龙卷风　飓风

写一写

你觉得风像什么？请来写一写吧。

_____

_____

小雨点

xiǎo yǔ diǎn

⭐ 樊发稼

xiǎo yǔ diǎn
小雨点，
nǐ zhēn yǒng gǎn
你真勇敢！
cóng nà me gāo de tiān shang tiào xià lái
从那么高的天上跳下来，
yì diǎnr yě bù téng ma
一点儿也不疼吗？

认一认

𣲘　𠕋　雨　雨

甲骨文　金文　小篆　楷书

读一读

狂风暴雨　和风细雨　倾盆大雨　蒙蒙细雨

第一单元·太阳射手

5

夕阳

★ 任小霞

夕阳总是
把自己打扮得
漂漂亮亮的
才去西边参加大山的晚宴

涂一涂

给夕阳、大山和晚霞涂上颜色吧。

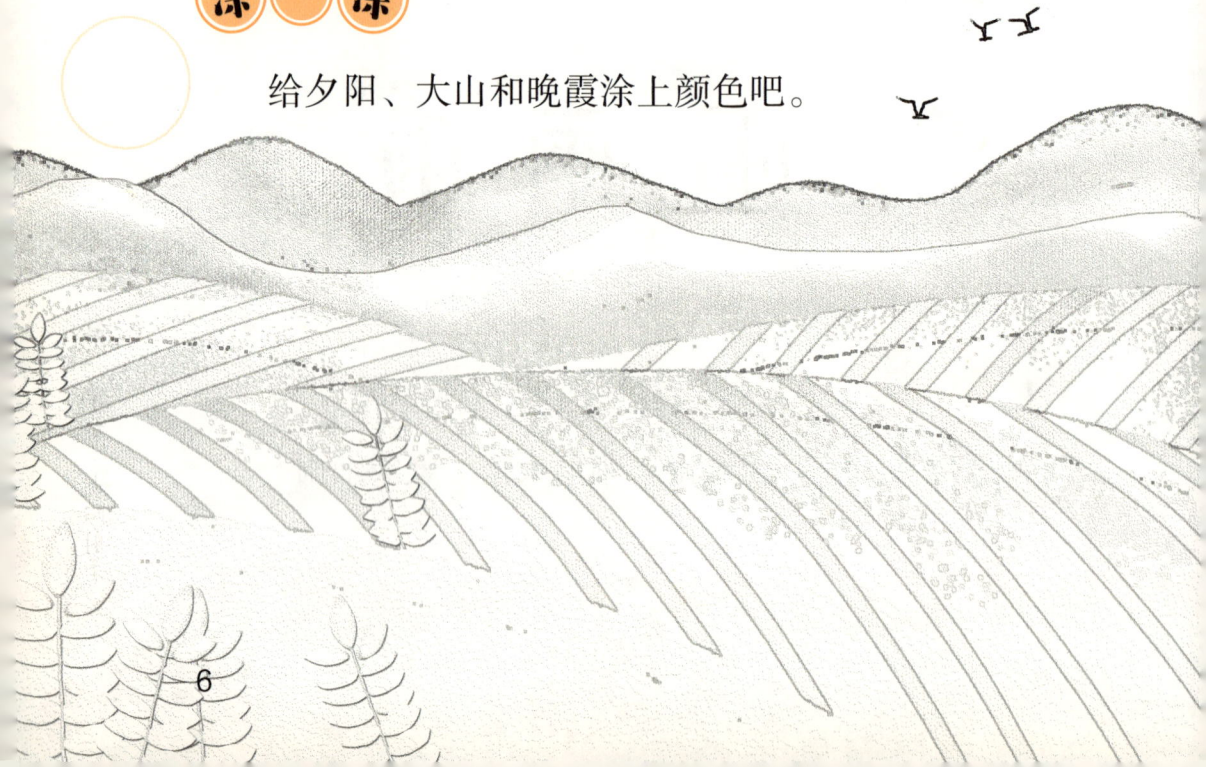

小流星

xiǎo liú xīng

★ 樊发稼

xiǎo liú xīng
小流星，

nǐ màn diǎnr pǎo
你慢点儿跑！

dāng xīn
当心，

mò bǎ bié de xīng bǎo bao zhuàng dǎo
莫把别的星宝宝撞倒！

写一写

（　　　　　　　　），

你慢点（　　　　　　　）！

当心，

（　　　　　　　　　）！

醒 xǐng

★ 袖 哀

shù bèi niǎo ér zhuó xǐng le
树 被 鸟 儿 啄 醒 了

mā ma bèi nào zhōng yáo xǐng le
妈 妈 被 闹 钟 摇 醒 了

wǒ bèi hé bāo dàn de xiāng wèi gé zhi xǐng le
我 被 荷 包 蛋 的 香 味 胳 肢 醒 了

看一看

醒	醒	醒
小篆	隶书	楷书

学一学

醒，字形采用"酉"作形旁，采用"星"作声旁。

醒，本义指酒醒，又指睡眠状态结束，睡醒了。

里

☆ 聪 善

tài yáng zhào zhe dà dì
太 阳 照 着 大 地

dà dì wàng zhe tài yáng
大 地 望 着 太 阳

tā men suī rán bù shuō huà
他 们 虽 然 不 说 话

kě tài yáng de xīn lǐ yǒu dà dì
可 太 阳 的 心 里 有 大 地

dà dì de xīn lǐ yǒu tài yáng
大 地 的 心 里 有 太 阳

写一写

里 = （　　　）+（　　　）

当你写出了算式，你就读懂了这首诗。

第一单元·太阳射手

9

创作一首与天空有关的诗歌。

有趣的梦

hóng qīng tíng
红蜻蜓

⭐ 王宜振

wǒ zhuō zhù yì zhī hóng qīng tíng
我 捉 住 一 只 红 蜻 蜓

fàng jìn xiǎo xiǎo de biāo běn jiā
放 进 小 小 的 标 本 夹

xiǎng bú dào chūn tiān jìng kū le qǐ lái
想 不 到 春 天 竟 哭 了 起 来

chūn tiān shuō tā diū shī le yì zhī jiǎo yā
春 天 说 她 丢 失 了 一 只 脚 丫

写一写

我（　　　）一只（　　　　　）

放进（　　　）的（　　　　）

想不到（　　　）天竟（　　　）了起来

（　　　）天说她（　　　　　　　）

晚秋梨
wǎn qiū lí

⭐ 袖哀

一个果子
yí gè guǒ zi

掉下来
diào xià lái

砰的一声
pēng de yì shēng

关上了
guān shàng le

秋天的大门
qiū tiān de dà mén

说一说

我想，（　　　）天的大门应该是由（　　　　）来关。

第二单元·有趣的梦

13

雪房子

xuě fáng zi

★ 袖哀

每朵雪花
měi duǒ xuě huā

都是一所
dōu shì yì suǒ

漂亮的房子
piào liang de fáng zi

里面住着
lǐ miàn zhù zhe

一颗小灰尘
yì kē xiǎo huī chén

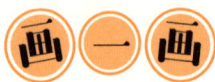

请你画一画心中的雪房子吧。

抢妈妈

qiǎng mā ma

★ 袖 哀

想 妈 妈 的 时 候
xiǎng mā ma de shí hou

我 会 跑 到 山 上
wǒ huì pǎo dào shān shàng

大 声 喊 她
dà shēng hǎn tā

山 也 跟 着 喊
shān yě gēn zhe hǎn

好 像 要 和 我 抢 妈 妈
hǎo xiàng yào hé wǒ qiǎng mā ma

学一学

回声：声波遇到障碍物反射或

散射回来再度被听到的声音。

我知道在（　　　）出现过回

声。

第二单元·有趣的梦

15

睡个好觉

shuì gè hǎo jiào

★ 李姗姗

今天晚上
jīn tiān wǎn shang

停电了
tíng diàn le

灯 终 于 可 以 睡 个 好 觉 了
dēng zhōng yú kě yǐ shuì gè hǎo jiào le

认一认

睡　　睡

小篆　　楷书

"睡"的本义为坐着闭目打盹。

读一读

睡衣　睡梦　午睡

有趣的梦

yǒu qù de mèng

☆ 圣 野

mèng lǐ cǎi zài shuǐ lǐ
梦 里 踩 在 水 里 ，

bú huì shī diào xié zi
不 会 湿 掉 鞋 子 。

mèng lǐ chī le bàn tiān
梦 里 吃 了 半 天 ，

hái shì kōng zhe dù zi
还 是 空 着 肚 子 。

写一写

梦里（　　　　　　　），

（　　　　　　　）。

春天的信

⭐ 任小霞

春把秘密写进种子

藏到大地怀里

大地把信翻译成花

蝴蝶来读一个个美丽的故事

说一说

你有秘密吗？你会把秘密和谁分享？

huā duǒ yǔ mì táng
花朵与蜜糖

☆ 郁化清

wēi xiào shì kāi zài liǎn shàng de huā duǒ
微笑是开在脸上的花朵

wēi xiào shì guà zài zuǐ shàng de mì táng
微笑是挂在嘴上的蜜糖

wēi xiào bǐ táng gèng tián
微笑比糖更甜

wēi xiào bǐ huā gèng xiāng
微笑比花更香

涂一涂

把小朋友的脸蛋涂成
红色，并说一说它像什么。

用诗歌写一写你的神奇发现。

荷叶圆圆

橘子

☆ 李姗姗

一个橘子

会开两次花

一次在树上

另一次在手心

剥开的橘子

是一朵盛开的花

一次很香

另一次很甜

写一写

一（　　　　　）

会（　　　　　）

一次（　　　　　）

另一次（　　　　　）

荷叶圆圆

⭐ 钱万成

荷叶圆圆
荷叶圆圆

小鱼藏在下面
把它当伞

青蛙坐在上面
把它当船

其实它是一张唱片
唱绿了美丽的夏天

演一演

配着音乐，和父母合作演一演。

（扫码听音乐）

写一写

荷叶圆圆

荷叶圆圆

（　　　　　　　　）

把它当（　　　　　　）

zhěn tou yǐng yuàn
枕头影院

⭐ 任小霞

zhěn tou lǐ cáng le yí gè dà yǐng yuàn
枕 头 里 藏 了 一 个 大 影 院

wǎn shang nǐ zhěn shàng tā
晚 上 你 枕 上 它

bì shàng yǎn
闭 上 眼

yí bù bù qí miào de yǐng piàn jiù kāi shǐ shàng yǎn
一 部 部 奇 妙 的 影 片 就 开 始 上 演

写一写

你觉得枕头里藏着什么？

枕头里藏了一个（　　　　　　）

晚上你枕上它

（　　　　　　）

（　　　　　　　　）

小树变成一只鸟

⭐ 王宜振

小雨点蹦蹦跳

小树洗洗澡

长出一身绿羽毛

哈哈哈，真有趣

小树变成一只鸟

演一演

和妈妈一起来表演吧。

ǒu
藕

★ 袖 哀

yì nián dào tóu
一 年 到 头

ǒu dōu zài hú dǐ shuì dà jiào
藕 都 在 湖 底 睡 大 觉

zhǐ yǒu zài xià tiān
只 有 在 夏 天

cái shēn gè lǎn yāo
才 伸 个 懒 腰

tǔ chū jǐ gè lǜ pào pao
吐 出 几 个 绿 泡 泡

认一认

莲子　荷叶　荷花　莲蓬　藕

tún

囤

★ 王爱玲

guò nián le
过 年 了

nǎi nai xǐ huan tún nián huò
奶 奶 喜 欢 囤 年 货

mèi mei xǐ huan tún bà ba de wèi dào
妹 妹 喜 欢 囤 爸 爸 的 味 道

wǒ xǐ huan tún mā ma de wēi xiào
我 喜 欢 囤 妈 妈 的 微 笑

xiǎo māo ne xǐ huan quán zài shā fā shàng
小 猫 呢 ， 喜 欢 蜷 在 沙 发 上

tún yáng guāng
囤 阳 光

问一问，写一写

妈妈喜欢囤（　　　　　　　）

爸爸喜欢囤（　　　　　　　）

我喜欢囤（　　　　　　　　）

第三单元·荷叶圆圆

29

黄 昏

★ 常 青

湖边的吊车

是长长的鱼竿

在紫色的湖里

吊一尾漂亮的太阳鱼

涂一涂

酵母菌

⭐ 袖哀

liàn wǔ shù
练武术

zuǒ chōng quán
左冲拳

huí xuán tī
回旋踢

kě lián de miàn tuán
可怜的面团

bèi zòu zhǒng le
被揍肿了

选一选，写一写

酵母菌可以让面团膨胀变成松软的面包，我们试着一起来写一写这个过程吧。

来点（ ），来点（ ），加个（ ），加点（ ），现在，请（ ）先生，跳进来，大家一起抱一抱，睡个暖和的大觉，醒来就变成了香喷喷的（ ）。

A.面 B.面包 C.水 D.蛋 E.奶 F.酵母菌

第三单元·荷叶圆圆

31

试着用上有趣的比喻写一首诗。

星星钉子

星星钉子

★ 王立春

为了使黑暗不至于

掉下来

砸到大地

星星钉子左一颗右一颗

钉满了天空

涂一涂

把星星涂亮吧！照亮黑色的天空。

磨刀石

★ 圣 野

月亮把夜天当作

一块蓝幽幽的磨刀石

磨亮了镰刀

她就要去收割

像麦粒一样成熟的

满天的星星了

写一写

我知道这里有两个比喻句：

一是将夜晚的天空比喻成（　　　　）。

二是将满天的星星比喻成（　　　　）。

35

小小的月牙

★ 徐鲁

小小的月牙，

像一只青色的小虾。

它在星星的草丛里，

一边游动和挣扎，

一边寻找着自己

深水里的家……

想一想，写一写

茶杯里的月牙，像（　　　　　　　　　）。

水盆里的月牙，像（　　　　　　　　　）。

池塘里的月牙，像（　　　　　　　　　）。

fēng
风

⭐ 安武林

nǐ zhēn tiáo pí
你 真 调 皮

nǐ bǎ pào tóng huā zǐ sè de xiǎo jiǔ zhōng
你 把 泡 桐 花 紫 色 的 小 酒 盅

cǎi fān le
踩 翻 了

qiáo chūn yǔ wá wa
瞧 ， 春 雨 娃 娃

kū de duō shāng xīn yo
哭 得 多 伤 心 哟

写一写

顽皮的风还会干什么？请你选择下面的一个动作
写一写。

抢　踢　摘　藏

风，你真调皮

（　　　　　　　　　　　　）

第四单元·星星钉子

37

雨下了一夜

⭐ 安武林

雨下了一夜

滴滴答答

像个被伤透了心的娃娃

软心肠的风劝呀劝呀

谁知道雨哭得更响啦

滴滴答答，滴滴答答

涂一涂

我能根据雨的声音来分类（将形容大雨的词语涂红色，形容小雨的词语涂绿色）。

滴答滴答　　哗啦哗啦　　沙沙沙

淅淅沥沥　　哗哗哗

绿孩子

★ 任小霞

草 的 绿 腰 带

树 的 绿 发 丝

花 的 绿 风 衣

水 的 绿 裙 子

春

是 一 个 绿 孩 子

快 活 地 跑 来 了

涂一涂

请给"绿孩子"涂上颜色吧。

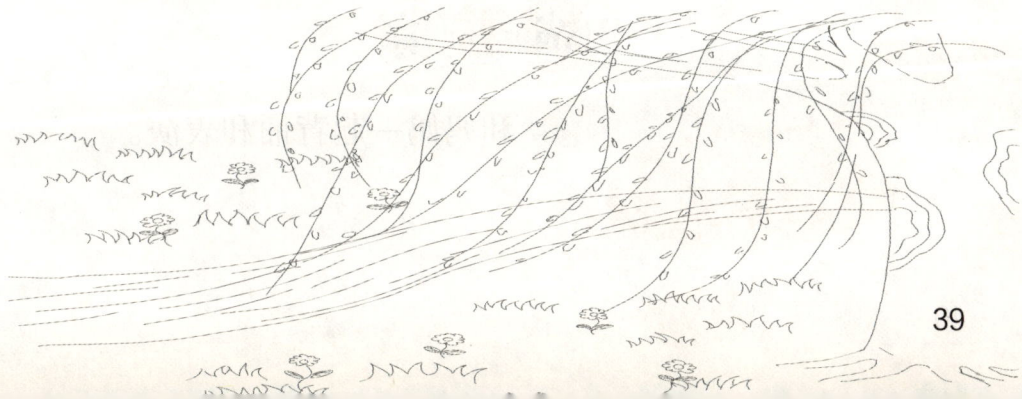

雨点和荷叶

★ 王爱玲

豆大的雨点

打在碧绿的荷叶上：

"我要把你打翻"

和气的荷叶

抱着顽皮的雨点：

"我要给你当摇篮"

雨点乖乖地

躺在荷叶上笑了

演一演

和妈妈一起背诵和表演。

晒袜子

⭐ 任小霞

yáng guāng xià nà jǐ duì wà zi
阳 光 下 那 几 对 袜 子

yì jiǎo yì jiǎo pá de hǎo kāi xīn
一 脚 一 脚 爬 得 好 开 心

pá ya pá ya
爬 呀 爬 呀

cóng bīng bīng liáng
从 冰 冰 凉

shī lù lù
湿 漉 漉

yì zhí pá dào le
一 直 爬 到 了

nuǎn yáng yáng
暖 洋 洋

xiāng pēn pēn
香 喷 喷

读一读

湿漉漉　暖洋洋　香喷喷

ABB 的词我还知道（　　　　）与（　　　　）。

第四单元·星星钉子

41

用诗歌写一写有趣的天气。

第五单元

小小蚂蚁

一只鸟和一棵树的故事

⭐ 王宜振

niǎo xiàn mù shù
鸟 羡 慕 树

xiàn mù shù yǒu xǔ duō zhī chì bǎng
羡 慕 树 有 许 多 只 翅 膀

shù xiàn mù niǎo
树 羡 慕 鸟

xiàn mù niǎo zhǐ yǒu liǎng zhī chì bǎng
羡 慕 鸟 只 有 两 只 翅 膀

jiù kě yǐ fēi xiáng
就 可 以 飞 翔

写一写

还有谁和谁在相互羡慕着，请你写一写。

（　　　　）羡慕（　　　　　）

羡慕（　　　　　　）

（　　　　）羡慕（　　　　　）

羡慕（　　　　）

看自己睡觉

kàn zì jǐ shuì jiào

★ 樊发稼

晚间上床
wǎn jiān shàng chuáng

不一会儿
bù yī huìr

我就什么也不知道了
wǒ jiù shén me yě bù zhī dào le

我真想
wǒ zhēn xiǎng

一直睁大眼
yì zhí zhēng dà yǎn

看自己怎样睡觉
kàn zì jǐ zěn yàng shuì jiào

画一画

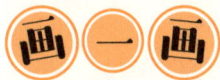

你自己睡觉是什么模样？让妈妈拍下来，自己画一画。

第五单元·小小蚂蚁

45

妈妈

⭐ 钱万成

妈妈是糖
叫一声
心里很甜

妈妈是衣
想一想
身上很暖

雨中妈妈是伞
大海上妈妈是船

我是妈妈的太阳
妈妈是我的蓝天

画一画

给妈妈画一幅画，写一句话。

写一写

在我心中，妈妈是（　　　　　）。

fēi

飞

⭐ 王爱玲

xiǎng fēi de shí hou
想飞的时候

hòu bèi jiù fā yá le
后背就发芽了

zhǎng chū le liǎng piàn xiǎo chì bǎng
长出了两片小翅膀

fēi a fēi
飞啊飞

bù tíng xiē
不停歇

fēi jiù shì xiàng zhe yí gè fāng xiàng
飞就是向着一个方向

jiān chí de mú yàng
坚持的模样

演一演

背一背、演一演这首诗歌吧。

shuā yì shuā
刷一刷

⭐ 任小霞

yá chǐ
牙齿

yòng yá gāo shuā yì shuā
用牙膏刷一刷

jiù bái le
就白了

xié zi
鞋子

yòng xié yóu shuā yì shuā
用鞋油刷一刷

jiù liàng le
就亮了

wū zi
屋子

yòng tú liào shuā yì shuā
用涂料刷一刷

jiù xīn le
就新了

liǎn dàn
脸 蛋

yòng wēi xiào shuā yì shuā
用 微 笑 刷 一 刷

jiù měi le
就 美 了

写一写

（　　　　　）

用（　　　　）刷一刷

就（　　　　）了

小小蚂蚁

★ 雪野

xiǎo xiǎo mǎ yǐ
小 小 蚂 蚁
pá
爬
pá
爬
pá
爬
pá shàng wǎ pén
爬 上 瓦 盆
pá shàng huā zhī
爬 上 花 枝
pá shàng yè piàn
爬 上 叶 片
pá shàng huā bàn
爬 上 花 瓣

xiǎo xiǎo mǎ yǐ
小 小 蚂 蚁
nǐ yě zhī dào
你 也 知 道
pá de gāo
爬 得 高
kàn de yuǎn
看 得 远

写一写

用飞、跑、跳、走等词语写一写你熟悉的小动物吧。

小小（　　　　）

（　　　　）

（　　　　）

（　　　　）

（　　　　）上（　　　　）

（　　　　）上（　　　　）

（　　　　）上（　　　　）

（　　　　）上（　　　　）

小小（　　　　）

你也知道

（　　　　）

（　　　　）

niǎo　　cháo
鸟　巢

⭐ 任小霞

niǎo cháo　lǐ
鸟 巢 里
niǎo　ér　dōu　zài
鸟 儿 都 在
qiāo qiāo fū　zhe
悄 悄 孵 着
fēi xiáng de　mì　mì
飞 翔 的 秘 密

读一读

蜂巢　蚁巢　鹊巢

听一听

成语"鸠占鹊巢"的故事。

（朗诵者 徐嘉怡）

小花和小草

★ 韩志亮

一株小草，

开出一朵小花。

这个问题有点麻烦！

我们一起商量一下：

现在开始，

喊她小草，

还是小花？

读一读，写一写

一只蝌蚪，

长出两只后腿。

这个问题有点麻烦！

（　　　　　　　　　　）：

（　　　　　　），

（　　　　　　），

（　　　　　　）？

　　有的小诗里包含着有趣的知识或者道理，请你试着写一写你明白的知识或者道理。

树的发型

骑 行

★ 张晓楠

两只句号

驮着一只感叹号

欢快骑行在

破折号一般的

小道上

清脆的铃声

是一串

省略号

说一说

两只句号是（   ），

一只感叹号是（   ）。

画一画

我可以给这首诗歌配一幅画。

句号
★ 任小霞

句号
是一枚
亮闪闪的太阳
每次
字孩子一出来就排着队
向着太阳跑过去
整整齐齐
跑成了一个个
金灿灿的句子

写一写

我会用字孩子和句号写一句话。

_____

guā guǒ shū cài sài pǎo
瓜果蔬菜赛跑

⭐ 刘保法

luó bo zhǎng chū lái le
萝卜长出来了，

dòu jiá gǔ qǐ lái le
豆荚鼓起来了，

huáng guā chuí xià lái le
黄瓜垂下来了……

wǒ kàn zhe guā guǒ shū cài shēng zhǎng
我看着瓜果蔬菜生长，

hǎo xiàng zài kàn yì chǎng sài pǎo
好像在看一场赛跑。

hū rán yǒu rén náo wǒ jiǎo dǐ
忽然有人挠我脚底，

ò pò tǔ de zhú sǔn
哦，破土的竹笋

yào wǒ ràng dào
要我让道！

写一写

　　填上不一样的词，让这些蔬菜瓜果们也一起参与进来吧！

　　　西瓜（　　　　　）起来

　　　香蕉（　　　　　）起来

　　　辣椒（　　　　　）起来

　　　南瓜（　　　　　）起来

笑成了花
xiào chéng le huā

★ 张晓楠

一只蝴蝶
yì zhī hú dié

俯下身来
fǔ xià shēn lái

和草儿
hé cǎo ér

说了一句
shuō le yí jù

悄悄话儿
qiāo qiāo huàr

草儿越想
cǎo ér yuè xiǎng

越觉得有趣
yuè jué de yǒu qù

噗的一声
pū de yì shēng

笑成了花
xiào chéng le huā

……

演一演

和妈妈一边背诵一边表演。

家

★ 郑春华

家是一盆温暖的水
让你泡进去洗澡

家是一张柔软的床
让你躺下来睡觉

家是一个热水袋
会焐热你冰凉的手脚

家是一片薄薄的口香糖
jiā shì yí piàn báo báo de kǒu xiāng táng

让你总是不停地嚼
ràng nǐ zǒng shì bù tíng de jiáo

写一写

家是（　　　　　　　　　）

让我（　　　　　　　　　　　）

65

春江水暖

★ 张晓楠

chūn jiāng shuǐ nuǎn
春 江 水 暖

shuí xiān zhī dào
谁 先 知 道？

yú ér
鱼 儿

gāng yào shuō huà
刚 要 说 话

xiǎo yā
小 鸭

jiù tiào jìn shuǐ lǐ
就 跳 进 水 里

yì kǒu
一 口

bǎ tā chī diào
把 它 吃 掉

然后，还
rán hòu hái

扯着嗓子叫：
chě zhe sǎng zi jiào

—— 俺 呀
ǎn yā

—— 俺 呀
ǎn yā

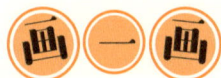

报春的花儿都有谁? 请你圈出来。

梅花　　桃花　　菊花

迎春花　　荷花

dìng shū jī
订书机

⭐ 张晓楠

xiàng qīng wā yí yàng
像青蛙一样
zhāng zhe gè
张着个
dà zuǐ ba
大嘴巴

xǐ huan zài
喜欢在
zhǐ zhāng de yí cè xià kǒu
纸张的一侧下口

zuǐ lǐ xiǎng zhe
嘴里，响着
kā dā
咔嗒
kā dā
咔嗒

xī xī　　měi cì
嘻嘻，每次

gè diào
硌掉

yì kē mén yá
一颗门牙

读一读

我会读下面的拟声词，还会说一句话。

轰隆　哐当　吱呀　叮咚　呼噜

树的发型

★ 张晓楠

从春天开始
小树，就盘算着
如何打理
自己的长发

比如，在夏天里
把头发烫卷
比如，在冬天里
把头发拉直

最好，再用鸟巢
别个头花

给这幅画涂上颜色吧。

秀一秀

　　一首诗能画成一幅画，一幅画也能写成一首诗，请你选择一幅画或者一张照片，写一首诗。

星星和花

dǎo méi de tù zi
倒霉的兔子

⭐ 巩孺萍

yì zhī tù zi
一只兔子

pǎo de tài kuài zhuàng yūn le tóu
跑得太快撞晕了头。

yì zhī tù zi
一只兔子

hé wū guī bǐ sài luò le hòu
和乌龟比赛落了后。

yì zhī tù zi
一只兔子

guān zài yuè liang shàng lěng sōu sōu
关在月亮上冷飕飕。

wèi shén me dǎo méi de zǒng shì tù zi
为什么倒霉的总是兔子？

biān gù shi de rén
编故事的人，

qǐng gěi wǒ yí gè lǐ yóu
请给我一个理由。

填一填

我知道这首诗里包含的故事有（　　　　　）、

（　　　　　）和（　　　　　）。

duō shao cháng
多少长

⭐ 圣 野

bái tiān duō shao cháng
白天多少长？

tài yáng ná zhī yuán guī
太阳拿支圆规，

yì diǎn yì diǎn huà guò qù
一点一点画过去。

chūn tiān duō shao cháng
春天多少长？

yàn zi ná bǎ jiǎn dāo
燕子拿把剪刀。

yí cùn yí cùn jiǎn guò qù
一寸一寸剪过去。

quququ.

qiū tiān duō shao cháng

秋天多少长？

xī shuài àn zhù qín xián

蟋蟀按住琴弦，

yì jié yì jié tán guò qù

一节一节弹过去。

写一写

冬天多少长？

（　　　　　　），

（　　　　　　）。

时间

★ 王宜振

有个淘气包

把时间切了一刀

切成白天和黑夜

像黑白两个大蛋糕

太阳是这个白蛋糕的蛋黄

我猜想它的营养价值一定很高

月亮是这个黑蛋糕的果仁

我猜想它的味道会又香又好

写一写

你觉得白天和黑夜像什么？

白天像（　　　　　　　　），

太阳是（　　　　　　　　）；

黑夜像（　　　　　　　　），

满天的小星星是（　　　　　　　　）。

星星和花

★ 金 波

我最喜欢夏天——
满地的鲜花：
这里一朵，那里一朵，
真比天上的星星还多。

到了夜晚，
花儿睡了，
我数着满天的星星：
这里一颗，那里一颗，
又比地上的花儿还多！

说一说

　　鲜花、星星、露珠 、萤火虫、路灯、灯笼……他们都可以互为比喻，不信，你试试。

　　萤火虫是可以飞的路灯，

　　路灯是休息的（　　　　）。

太长和太短的诗

★ 王宜振

蝉的诗，太长
整整朗诵了一个上午

昙花的诗，太短
只剩下一个标点

chán xiǎng zhe
蝉 想 着

wǒ de shī néng bù néng zài cháng yì diǎn
我 的 诗 能 不 能 再 长 一 点

tán huā xiǎng zhe
昙 花 想 着

wǒ de shī néng bù néng bǎ zhè ge biāo diǎn shěng lüè
我 的 诗 能 不 能 把 这 个 标 点 省 略

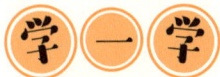

学一学

　　昙花一现：昙花开放后很快就凋谢。比喻人或事物

存在的时间非常短暂，刚一出现便迅速消失。

第七单元·星星和花

83

脚 印

⭐ 张晓楠

一只耗子跑过去

留下一串脚印

一只猫咪跑过去

留下一串脚印

猫咪和耗子不友好

总是追追赶赶的

jiǎo yìn men kě bù guǎn zhè xiē
脚 印 们 可 不 管 这 些
còu zài yí kuài qiè qiè sī yǔ
凑 在 一 块 窃 窃 私 语

连一连

第七单元·星星和花

85

一首诗的诞生

★ 高洪波

一条鱼
游动在水中

一朵云
飘浮在空中

一头虎
徜徉在山岭

一穗麦
生长在田野

yì shǒu shī
一 首 诗

zhèng shì zhè yàng dàn shēng zhe
正 是 这 样 诞 生 着

写一写

我也会用上数量词写诗。

一（　　　）（　　　）

（　　　）在（　　　）

一（　　　）（　　　）

（　　　）在（　　　）

……

wō
窝

★ 郁化清

xiǎo niǎo yǒu wō
小 鸟 有 窝

mì fēng yǒu wō
蜜 蜂 有 窝

mǎ yǐ yě yǒu wō
蚂 蚁 也 有 窝

wèi shén me wǒ méi yǒu wō
为 什 么 我 没 有 窝 ？

bà ba shuō
爸 爸 说 ：

jiā jiù shì wǒ men de wō
家 就 是 我 们 的 窝

xiǎo niǎo kuài lè
小 鸟 快 乐

mì fēng kuài lè
蜜 蜂 快 乐

mǎ yǐ yě kuài lè
蚂 蚁 也 快 乐

88

mā ma shuō
妈妈说：
zài wō lǐ
在窝里
dà jiā dōu kuài lè
大家都快乐

写一写

我还知道，

小鸟的窝叫（　　　　　），

蜜蜂的窝叫（　　　　　），

蚂蚁的窝叫（　　　　　），

我们的窝叫（　　　　　）。

　　诗的诞生并不神秘,只要用心去观察,观察大自然,观察生活,就会有不一样的发现。

橘子码头

yún
云

★ 金波

lán tiān lán   xiàng dà hǎi
蓝天蓝，像大海，

bái yún bái   xiàng fān chuán
白云白，像帆船。

yún zài tiān shàng zǒu
云在天上走，

hǎo xiàng hǎi lǐ piāo fān chuán
好像海里漂帆船。

fān chuán   fān chuán   nǐ zhuāng de shén me
帆船，帆船，你装的什么？

zǒu de zhè yàng màn
走得这样慢。

bù zhuāng yú   bù zhuāng xiā
不装鱼，不装虾，

zhuāng de dōu shì xiǎo yǔ diǎn
装的都是小雨点。

yǔ diǎn　　yǔ diǎn
雨点，雨点，

qǐng nǐ kuài xià lái
请你快下来，

bāng wǒ jiāo cài yuán
帮我浇菜园。

写一写

云里装着无数个热心的小雨点，请你给它们打个
电话，喊它们下来吧！

雨点，雨点，

请你快下来，

（　　　　　　　　）。

早晨是一道起跑线

⭐ 钱万成

早晨是一道起跑线，
早晨是一个加油站。

鱼儿跃出水面，
鸟儿展翅蓝天。

我们奔向课堂，
船儿告别港湾。

早晨是一条欢乐繁忙的河，
太阳在头上，月亮在对岸。

读一读，写一写

你觉得黄昏或者夜晚是什么？试着写一写。

黄昏是（　　　　　　　　　），

夜晚是（　　　　　　　　　）。

diào
钓

⭐ 丁云

yì zhī zhī fěn bǐ diào gān
一 支 支 粉 笔 钓 竿

zuò zài hēi hēi de chí táng biān chuí diào
坐 在 黑 黑 的 池 塘 边 垂 钓

yǒu shí diào chū yí gè gù shi
有 时 钓 出 一 个 故 事

yǒu shí diào chū yì shǒu shī
有 时 钓 出 一 首 诗

yǒu shí diào chū yì fú huà
有 时 钓 出 一 幅 画

yǒu shí diào chū yí chuàn yīn fú
有 时 钓 出 一 串 音 符

yā
呀 !

zuì hǎo wán de shì
最 好 玩 的 是

cóng hēi hēi de chí táng lǐ
从 黑 黑 的 池 塘 里

diào chū wǒ men wǔ cǎi de xiào shēng ne
钓 出 我 们 五 彩 的 笑 声 呢 !

写一写

粉笔像钓竿，黑板擦像什么？请你写一写。

黑板擦像（　　　　　　　　）

有时（　　　　　　　　）

有时（　　　　　　　　）

有时（　　　　　　　　）

第八单元·橘子码头

春天 chūn tiān

★ 金波

chén guāng jiào xǐng le fēng
晨 光 叫 醒 了 风 ，

fēng jiào xǐng le niǎo
风 叫 醒 了 鸟 ，

niǎo jiào xǐng le yún
鸟 叫 醒 了 云 。

yún biàn chéng le yǔ dī
云 变 成 了 雨 滴 ，

dī luò zài dà hǎi shàng
滴 落 在 大 海 上 ；

hǎi shuǐ biàn lán le
海 水 变 蓝 了 ，

xǐ liàng le shēng qǐ de tài yáng
洗 亮 了 升 起 的 太 阳 。

tài yáng zhēng zhe liàng yǎn jing
太阳 睁 着 亮 眼 睛，

wàng zhe shù　　wàng zhe huā　　wàng zhe niǎo
望 着 树， 望 着 花， 望 着 鸟，

dào chù huā huā lǜ lǜ
到 处 花 花 绿 绿，

dào chù rè rè nào nào
到 处 热 热 闹 闹，

dào mǔ qīn nà lǐ qù
到 母 亲 那 里 去。

写一写

你发现了吗？"叫醒"就像多米诺骨牌一样，一个接一个。我们也来玩一玩"叫醒"吧！

（　　　）叫醒了（　　　　），

（　　　）叫醒了（　　　　），

（　　　）叫醒了（　　　　）。

第八单元·橘子码头

石榴娃娃笑了

★ 王宜振

石榴园里是石榴的家

那里生活着许多石榴娃娃

可是，在整整一个漫长的夏天

它们总是闭着自己的嘴巴

秋天到了，跑来了秋风娃娃

轻轻地亲了亲它们的脸颊

wǒ kàn jiàn tā men liě zhe zuǐr　　xiào le　　xiào le
我 看 见 它 们 咧 着 嘴 儿 笑 了 ， 笑 了

lù chū yì pái pái xiǎo xiǎo de hóng yá
露 出 一 排 排 小 小 的 红 牙……

写一写

　　像石榴一样即使一开始"闭着嘴巴"，成熟后也会"笑"的果实都有哪些？请你想一想，写一写。

_____

橘子码头

★ 李德民

夕阳一样颜色的橘子
是一个小小的
避风的码头
小船一样的橘瓣
一只紧挨着一只
泊靠在里面

橘子的码头里
已没有了多余的空间

hái shèng xià yì zhī xiǎo chuán
还 剩 下 一 只 小 船
zài yè kōng zhōng piāo zhe
在 夜 空 中 飘 着
piāo chéng le yuè yár
飘 成 了 月 牙 儿

写一写

橘瓣像小船，又像月牙儿；星星像眼睛，又像宝石。

请你也写一组可以互为比喻的句子。

（　　　）像（　　　），又像（　　　）。

第八单元·橘子码头

103

含

⭐ 王立春

bái yún zuǐ lǐ hán zhe fēng zheng
白云嘴里含着风筝
méi fǎ xiàng fēng dào xiè
没法向风道谢

hú shuǐ zuǐ lǐ hán zhe hé huā
湖水嘴里含着荷花
méi fǎ xiàng yǔ dào xiè
没法向雨道谢

fáng yán zuǐ lǐ hán zhe bīng líng
房檐嘴里含着冰凌
méi fǎ xiàng xuě dào xiè
没法向雪道谢

cǎo dì zuǐ lǐ hán zhe luò yè
草 地 嘴 里 含 着 落 叶

méi fǎ xiàng shù dào xiè
没 法 向 树 道 谢

dà hǎi zuǐ lǐ hán zhe yuè liang
大 海 嘴 里 含 着 月 亮

méi fǎ xiàng yè kōng dào xiè
没 法 向 夜 空 道 谢

写一写

让我们继续"含"下去。

（   ）嘴里含着（   ）

没法向（   ）道谢

^{chuàn} 串

☆ 李德民

^{āi yō zhè ge zì}
哎哟，这个字

^{duō xiàng yí chuàn bīng táng hú lu}
多像一串冰糖葫芦

^{hóng hóng de}
红红的

^{yǎo yì kǒu}
咬一口

^{yòu suān yòu tián}
又酸又甜

chán rén de bīng táng hú lu
馋 人 的 冰 糖 葫 芦

bǎ hái zi de mù guāng   láo láo de
把 孩 子 的 目 光 ， 牢 牢 地

zhān zhù le
粘 住 了

nǐ kàn   yí gè xiǎo nán hái zǒu chū le hǎo yuǎn
你 看 ， 一 个 小 男 孩 走 出 了 好 远

hái zài bù tíng de
还 在 不 停 地

huí tóu
回 头

写 一 写

你觉得这个"串"字像什么？请你写一写。

哎哟，这个字

多像（   ）

（   ）的

咬一口

又（   ）又（   ）

107

　　一个汉字就是一首诗。你觉得"丫、田、鸟、爪、果"这些汉字像什么？请你也试着写一写。

谁的伞大

大太阳的小房子

dà tài yáng de xiǎo fáng zi

★ 王宜振

太阳很大，

房子却很小很小。

谁要是不信，

请往露珠里瞧瞧。

一个又红又大的太阳

躲在小小的露珠里

yě xǔ tài yáng huì biàn mó fǎ
也 许 太 阳 会 变 魔 法 ，

zài tiān shàng hěn dà hěn dà
在 天 上 很 大 很 大 ，

zǒu jìn xiǎo xiǎo de jiā
走 进 小 小 的 家 ，

jiù biàn de hěn xiǎo hěn xiǎo
就 变 得 很 小 很 小 。

画 一 画

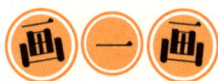

太阳的房子还有可能在哪里？请你画一画。

如果我是一片雪花

⭐ 金波

如果我是一片雪花，

我飘落到什么地方去呢？

飘到小河里，

变成一滴水，

和小鱼小虾游戏？

piāo dào guǎng chǎng shàng
飘 到 广 场 上,

qù duī pàng xuě rén
去 堆 胖 雪 人,

wàng zhe nǐ xiào mī mī
望 着 你 笑 眯 眯?

wǒ piāo luò zài mā ma de liǎn shàng
我 飘 落 在 妈 妈 的 脸 上,

qīn qīn tā   rán hòu jiù kuài lè de róng huà
亲 亲 她, 然 后 就 快 乐 地 融 化。

写一写

如果我是一片雪花,

我飘落到什么地方去呢?

飘到 (　　　　　),

(　　　　　),

(　　　　　)。

谁的伞大

⭐ 薛卫民

太阳像火球
烤得火辣辣……

小蚂蚁举片丁香叶，
它说：我的伞大！

小蚂蚱举片梧桐叶，
它说：我的伞大！

小青蛙举片绿荷叶，
它说：我的伞大！

tiān kōng chě guò yí piàn bái yún
天空扯过一片白云，

méng zhù tài yáng de liǎn
蒙住太阳的脸；

ō   zhè ge sǎn cái jiào dà
噢！这个伞才叫大，

suǒ yǒu de sǎn dōu zài tā de sǎn xià
所有的伞都在它的伞下！

写一写

　　天空可真聪明啊，它扯过白云蒙住太阳的脸，给万物带来一把超级大伞。

　　白云还可以做什么？请你试着写一写。

大山扯过一片白云

做了（　　　　　　　　）

松树扯过一片白云

做了（　　　　　　　　）

（　　　　）扯过一片白云

（　　　　　　　　）

第九单元·谁的伞大

小河骑过小平原

xiǎo hé qí guò xiǎo píng yuán

⭐ 圣 野

xiǎo māo mī qí zài
小 猫 咪 骑 在

xiǎo mèi mei de shǒu shàng
小 妹 妹 的 手 上

xiǎo mèi mei qí zài
小 妹 妹 骑 在

mā ma de bèi shàng
妈 妈 的 背 上

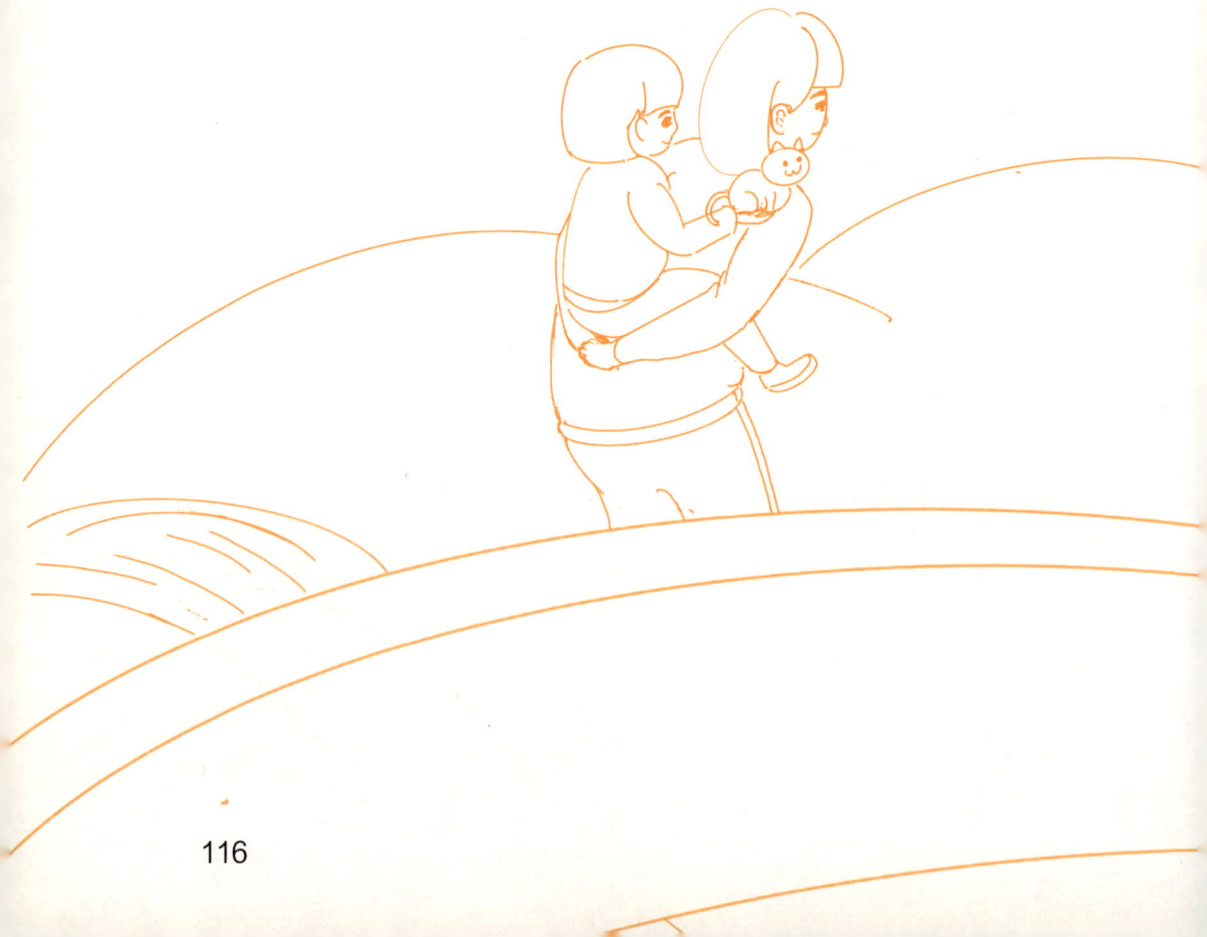

mā ma qí zài
妈 妈 骑 在

yí zuò xiǎo qiáo shàng
一 座 小 桥 上

xiǎo qiáo qí zài
小 桥 骑 在

xiǎo hé shàng
小 河 上

xiǎo hé xiàng yì pǐ
小 河 像 一 匹

kuài huo de mǎ
快 活 的 马

yí lù chàng zhe gē
一 路 唱 着 歌

qí guò lǜ sè de xiǎo píng yuán
骑 过 绿 色 的 小 平 原

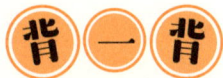

背 一 背

　　这是一首接龙诗，请你看着左边这幅图，试着背
一背这首小诗吧。

第九单元·谁的伞大

117

四季风

高洪波

夏天的风很轻
它踏在荷叶上
连露珠都没碰落

秋天的风很重
它站在高粱上
把田野都压红了

dōng tiān de fēng hěn yìng
冬天的风很硬

tā gāng cǎi shàng xiǎo hé
它刚踩上小河

xiǎo hé jiù jié le bīng
小河就结了冰

chūn tiān de fēng hěn ruǎn
春天的风很软

gāng yí pèng dào liǔ zhī
刚一碰到柳枝

liǔ xù jiù mǎn tiān fēi le
柳絮就满天飞了

写一写

从四季中选择一个季节的风，写一写它的样子吧。

（　　）天的风很（　　　）

它（　　　　　　　　）

（　　　　　　　　　）

月牙儿

★ 高洪波

月牙儿像什么？

妈妈说：像收割秋天的镰刀。

月牙儿像什么？

爸爸说：像引人发馋的香蕉。

月牙儿像什么？

我说：像夜妈妈翘起的嘴角。

她微微一笑，

眨眼的星星们就哼起好听的歌谣……

十五的月亮像什么？

（　　　　）说：（　　　　　　　　　　）。

十五的月亮像什么？

我说：（　　　　　　　　　　）。

热闹的菜市场

★ 徐 鲁

热闹的菜市场上，
是蔬菜们聚会的地方。

金色的南瓜说：
我来自高高的南山坡上；

弯弯的菱角说：
我生活在圆圆的池塘；

zǐ sè de qié zi shuō
紫色的茄子说：
wǒ de jiā shì míng liàng de nuǎn fáng
我的家是明亮的暖房；

chēng zhe bái sè xiǎo sǎn de mó gu shuō
撑着白色小伞的蘑菇说：
yǔ tiān de xiǎo shù lín lǐ
雨天的小树林里，
shì wǒ men zhuō mí cáng de dì fang
是我们捉迷藏的地方

……

写一写

读一读下面蔬菜的名字，并试着介绍一下它们的家。

胡萝卜　土豆　丝瓜　竹笋　莲藕

（　　　　）的（　　　　　）说：

我（　　　　　　　　　　）。

想变成……

xiǎng biàn chéng

★ 金波

想变成一棵树
xiǎng biàn chéng yì kē shù

拥有无数叶子
yōng yǒu wú shù yè zi

微风里沙沙作响
wēi fēng lǐ shā shā zuò xiǎng

讲述着绿色的故事
jiǎng shù zhe lǜ sè de gù shi

想变成一朵花
xiǎng biàn chéng yì duǒ huā

去到山野里安家
qù dào shān yě lǐ ān jiā

拉起小草的手
lā qǐ xiǎo cǎo de shǒu

送给大地一幅画
sòng gěi dà dì yì fú huà

xiǎng biàn chéng yí zhèn fēng
想 变 成 一 阵 风

kāi shǐ kuài lè de fēi xiáng
开 始 快 乐 地 飞 翔

wú lùn dào shén me dì fang
无 论 到 什 么 地 方

dōu sòng qù niǎo yǔ huā xiāng
都 送 去 鸟 语 花 香

写一写

你想变成什么？去往何方？做些什么？

想变成（　　　　　）

去到（　　　　　）

（　　　　　）

（　　　　　）

单元创作页

风会变，月会变，世界都在变，你想变成什么？请你写一写。

四季走来

春 chūn

★ 王爱玲

风 软 绵 绵 的
fēng ruǎn mián mián de

雨 湿 漉 漉 的
yǔ shī lù lù de

花 羞 答 答 的
huā xiū dā dā de

冬
dōng

静 悄 悄 地 走 了
jìng qiāo qiāo de zǒu le

春
chūn

亮 闪 闪 地 来 了
liàng shǎn shǎn de lái le

读一读

软绵绵　湿漉漉　羞答答　静悄悄

写一写

用上喜欢的叠音词写一句话。

_____

_____

夏
xià

★ 王爱玲

风暖烘烘的
fēng nuǎn hōng hōng de

驮着兴冲冲的雨孩子
tuó zhe xìng chōng chōng de yǔ hái zi

雷急匆匆的
léi jí cōng cōng de

骑着电马，招呼着
qí zhe diàn mǎ   zhāo hu zhe

快来看呀
kuài lái kàn ya

花儿乐队
huā ér yuè duì

已演奏起夏的乐章
yǐ yǎn zòu qǐ xià de yuè zhāng

读一读

暖烘烘　兴冲冲　急匆匆

写一写

用上喜欢的叠音词写一句话。

_____

_____

秋

★ 王爱玲

田野金灿灿的

果园香喷喷的

高粱的脸红扑扑的

棉花的笑暖和和的

秋婆婆的袋子

沉甸甸的

读一读

金灿灿　暖和和　沉甸甸

写一写

用上喜欢的叠音词写一句话。

_____

_____

冬
dōng

⭐ 王爱玲

白皑皑的雪
bái ái ái de xuě

静悄悄地
jìng qiāo qiāo de

占领了大地
zhàn lǐng le dà dì

高山颤巍巍地捧出
gāo shān chàn wēi wēi de pěng chū

一枚红彤彤的硬币
yì méi hóng tóng tóng de yìng bì

向天空购买一条
xiàng tiān kōng gòu mǎi yì tiáo

暖融融的云围脖
nuǎn róng róng de yún wéi bó

读一读

白皑皑　红彤彤　暖融融

写一写

用上喜欢的叠音词写一句话。

_____

_____

huā
花

★ 王爱玲

hóng yàn yàn de zhè yì duǒ
红 艳 艳 的 这 一 朵

jīn càn càn de nà yì duǒ
金 灿 灿 的 那 一 朵

xiāng pēn pēn de zhè yì duǒ
香 喷 喷 的 这 一 朵

tián jīn jīn de nà yì duǒ
甜 津 津 的 那 一 朵

còu zài yì qǐ
凑 在 一 起

shuō zhe chūn tiān de qiāo qiāo huà
说 着 春 天 的 悄 悄 话

读一读

红艳艳　香喷喷　甜津津

写一写

用上喜欢的叠音词写一句话。

_____

_____

四季

★ 王爱玲

春天轻轻飘飘走来
一路走
一路洒下花香

夏天踉踉跄跄走来
一路走
一路洒下汗滴

秋天风风火火走来
一路走
一路涂满色彩

dōng tiān xiāo xiāo sǎ sǎ zǒu lái
冬 天 潇 潇 洒 洒 走 来

yí lù zǒu
一 路 走

yí lù yòng xuě cā shì
一 路 用 雪 擦 拭

chóng qǐ yí gè zhǎn xīn de sì jì
重 启 一 个 崭 新 的 四 季

读一读

跟跟跄跄　风风火火　潇潇洒洒

写一写

用上喜欢的叠音词写一句话。

_____

_____

春来了

★ 王爱玲

絮絮叨叨的暖风

喊着

沉睡的枝条

滴滴答答的雨

敲打着

睡懒觉的花朵

有一搭没一搭的雷

赶着

yōu xián de yún
悠闲的云

hé bēn pǎo de xiǎo hé
和奔跑的小河

kuài lái kàn ne
快来看呢

chūn
春

xiū dā dā de lái le
羞答答地来了

读一读

絮絮叨叨　滴滴答答　羞答答

写一写

用上喜欢的叠音词写一句话。

_____

_____

雨

⭐ 王爱玲

不大不小，来一些
小花等着洗澡

不多不少，来一些
麦苗等着喝饱

不紧不慢，来一些
小溪流等着长高

蹦来蹦去的小雨点哟
别忘了来我这里报到

读 一 读

不大不小　不多不少　不紧不慢

写 一 写

用上喜欢的叠音词写一句话。

_____

_____

用学过的叠音词写一首诗或者一段话。